달 항아리

달 항아리

류종민 시집

초판 인쇄 | 2007년 09월 20일
초판 발행 | 2007년 09월 30일

지은이 | 류종민
펴낸이 | 신현운
펴는곳 | 연인M&B
디자인 | 이희정
기 획 | 여인화
등 록 | 2000년 3월 7일 제2-3037호
주 소 | 143-874 서울특별시 광진구 자양동 680-25호 (2층)
전 화 | (02)455-3987, 3437-5975 팩스 | (02)3437-5975
홈주소 | www.yeoninmb.co.kr
이메일 | yeonin7@hanmail.net

값 10,000원

저자와의 협의에 의하여 인지는 생략합니다.

ISBN 89-89154-87-7 03810

류종민 시집

달 항아리

천지를 모두 담는 그릇 하나 있어 하늘을 쳐다보니 공중에 달 항아리
빛으로 된 은 화살 온 땅 위에 되쏘고 있었네

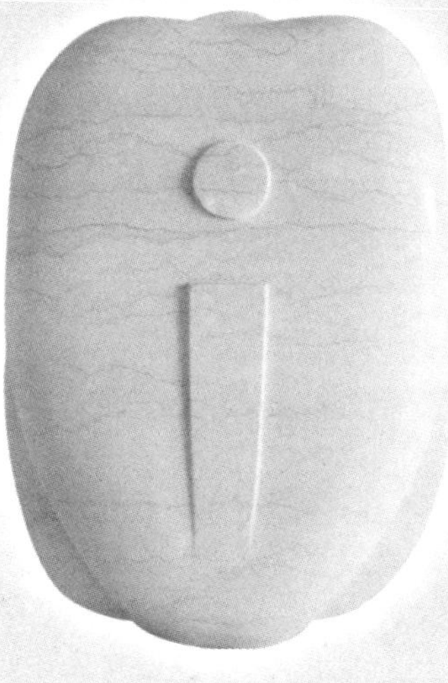

연인 M&B

작가의 작업실

| 시인의 말 |

참으로 정화된 한 방울의 물이나 생명수처럼 영혼의 심부를 울리고 고양시키는 그러한 시를 낳기 위해서는 얼마나 높고 맑은 영혼에 도달해야 할까 생각해 본다.

그러기 위해서 스스로를 태우고 남아 또 한번 태우기를 기다리는 숯은 저 투명의 금강석과 같은 원소라니 그 변신을 우리가 상상할 순 없지만 어떤 정진의 승화는 그러한 영원에도 이를 것이다.

하나의 생명이 태어나기 위해서는 얼마나 많은 준비와 인고가 필요한가. 어떠한 속성과 형태를 그 생명이 지녔던 그것은 다 그가 살고 있는 환경과 그가 닦아가는 내면의 반영일 뿐이다.

첫 시집 후 5년이 지나 두 번째 시집을 상재하며 격려해 주신 김남조 선생님과 시를 선별해 주신 김광회 선생님께 감사드리며 옆에서 애써준 아내와 연이 닿는 모든 분들께 이 시집을 바친다.

2007년 9월

류종민

| 차례 |

2. 보이지 않는 나

3. 만해 마을에서

4. 달 항아리

5. 보로부두르

1
옹달샘 소리

새소리 바람소리
다 떠난 이 겨울에
옹달샘 네 숨소리만
또렸하다

옹달샘 소리

다 얼어붙은 못의
옆구리를 뚫고
옹달샘 물만
가늘게 숨 쉰다

그 옹달샘 낳은
작은 바위구멍은
죽지 않는 생명을
세상에 내보낸다

낙엽 덮은 눈길 밟고
법당에 올라
밝은 이의 숨소리에
귀를 열면

새소리 바람소리
다 떠난 이 겨울에
옹달샘 네 숨소리만
또렸하다

빛다리

수평 위로 솟는
감홍의 해가
바다에 붙었다 떨어지면
그 상처 난 자리에서
출혈은 번져 내려
빛다리가 된다

수평에서 거꾸로 선
이 기둥은 육지에 닿기 전
사라졌는데
언제 내 속에 들어와
내 마음 상처 모퉁이를
받치고 섰다

내가 빛 속에서
잠시 사라진 사이

흰 웃음

늘 이 숲 속에 떠는
보름달은 목련과 만나
눈부신 흰 웃음을 웃고 나서야
연못에 잠긴다

연못에 내려앉은 청둥오리도
흰 웃음을 물고 깜짝 놀라
달과 목련을 토해 낸다

꿱꿱대며 서쪽 하늘로
날아가지만
그곳에는 더 큰 흰 웃음이
기다리고 있다

어디로도 도망갈 수 없는
하늘에 가득찬
눈부신 흰 웃음

바람

호수의 저 언덕
알 수 없는 곳으로부터
바람이 불어왔다

수면 위로 은빛 물살을
수놓아 달리고
공중으로는 호수보다 큰
팔랑개비를 돌려
이 언덕의 나무를
춤추게 한다

피안에서 여기까지 온 너를
아는 것은
이 언덕에서
춤출 줄 아는
한 그루 나무뿐이다

키 큰 나무

아스팔트를 뚫고
나온 뿌리
굳은 상처 위로
가시처럼 뻗은 가지
아득한 끝에 고층의 까치집
머리에 보듬고
양손으로 뻗은 팔은
허공을 휘저어
햇살을 손바닥으로
받아 마신다

정상을 향해
물관부의 운하는
몇 개의 고개턱을 넘었을까
하늘과 교신하는
가지 끝에 미지의 소리
판독하는 머리가
바람과 새소리 지우고
남은 모든 것도 지우고
나를 내려다보고 있다

겨울 숲

지금은 다 함께 있지만
겨울이 되면 알아
가시 송곳 잎은
어이 추운 겨울을
이겨 내는지

넓이가 있는 모든 잎이
무개에 떨어지면
보이지 않던
네 뼈는 다 드러나
삭풍을 삭인다

늘 푸른 나무들의
가시 잎만이 남고
울울한 잎 떨어진 네 뼈는
풍경을 수놓는 그물망으로
숨어 있다

은행잎

죽음을 앞둔 가을에
너는 어찌 빛나는 황금으로
네 몸을 태워 변신하느냐

연두빛 점으로 태어났던
수많은 탄생보다
더 화려한 너의 임종

순금이 되어 네 주위에 한없이 쌓여
너의 뿌리로 돌아가는
도리를 나는 몰라

벽오동

속이 비어 키 큰 나무
보라색 초롱꽃 떨어져
열매 맺더니
그 속도 비었는지
바람 불면 왈그락거린다

이 나무의 빈속 깊은 어디
옛 이름의 한옥 한 채 있어
다 잊어진 뒤뜰
낙숫물 떨어지는 소리
씨 속에서 들려오네

새벽달

아파트 12층 높이보다 낮게
어느 나라 국기처럼 처마에
걸린 새벽달

예리한 칼날 되어
허공을 자르고 있다

돋아나는 소음과
새벽의 욕망도 자르고
아파트 사이 골목길을
빠져나가고 있다

동녘 해가 마루의
난잎에 닿기까지

공룡능선

하늘과 맞닿은
허공 속에
세계를 토해 내는
장중한 공룡의 능선

시간의 꼬리를 끝없이
잘라낸 등뼈 위에
오르고 내릴 길도 없이
화석으로 우뚝 서 있다

돌아갈 수 없는 길 위로
노을은 밀려오는데
넘어야 할 아득한 능선
시간의 행군이
꿈이었으면 한다

닿지 않는 강

바다에 이르러 사라지는 강

옹달샘 가녀린 숨소리 머금고
실개천 몇 개의 굽이를 돌아
이 강에 이르기까지 소리 내어
바위에 부딪치며 튕겨도
서로를 밀어내지 않았다

발꿈치에 보이지 않는 줄 달고
멀리도 달려온 그대
뭇 들판으로 스며들어
나무와 풀이 되고 꽃이 되고
오곡이 되었으나
다시 그대 강이 되어 여기에 왔다

강을 받아들인 바다여
강은 죽지 않고 살아 있다

채스

달맞이 언덕 위
화인의 집
채스
둥근 계단 올라
바벨의 중턱에서
쓰라린 긴 겨울 밤
시린 꿈을 깨고 나니

오호라
동녘의 일망무제
유리바다에 비친
넋 빠진 아홉 얼굴

긴 장검으로
빛나는 수평의 칼
바다에 걸고 간다

* 채스 : 부산 달맞이 언덕 위의 바벨탑처럼 생긴 화가의 집 이름.

양수리에서

피안의 저편이
보이지 않는 것은
육안에서 천안으로
진화하지 못했기 때문이 아니야
오늘 양수리는 스스로의 몸에서
피어난 안개로
제 몸의 산과 하늘
모두를 가렸기 때문이야

이 언덕 한 무리 새떼가
하늘에 맞닿은 강 위를 날아
보이지 않는 저편으로
사라져 버리네

엘렌머피 갤러리에서

환몽의 수목 가지
물 위에 떠서
제 속의 거울을 들여다보네
먼 산 하늘을 가슴에 품은 강은
제게서 피어난 안개로
모든 세상사 아련한 수묵으로 지워
제 얼굴을 보지 못하게 하네

겁파劫波로 밀려오는 파동이
천 개의 얼굴을 만들어
이 강의 수면은 오늘
어느 얼굴인지 알 수가 없구나

서래섬

동에서 빛은 일어서고 있는데
한강 서릿개蟠浦에서
돋아난 서래섬
아침 해가 강에 비친
빛다리를 타고
일상 속으로 내려오고 있다

서래섬 도는 이들은
이 해가 어떻게 하루를 돌아
어디로 가는지를 알고 있다

2
보이지 않는 나

나는 어디로 갔나
갈 곳 없는 이 언덕 위에
찾을 길 없는 나는
어디로 갔나

보이지 않는 나

시간이 멈추어
흐르지 않는 강 위에
수많은 얼굴이 떠올라
나를 찾아보니 나는 없었네

다시 시간이 가고
흘러간 강물을 따라갔으나
그 곳에도 나는 찾을 수 없었네

나는 어디로 갔나
갈 곳 없는 이 언덕 위에
찾을 길 없는 나는
어디로 갔나

비바람이 불고
한바탕 물이 용솟음쳐
돌아가는 그 깊은 곳에
문득 한 얼굴이
보이는 듯하더니
그것도 한순간 사라져 버렸네

눈부신 저 언덕 너머
보이지 않는 나는
어디에 가 있나

본성의 백지

서판은 본성을 백지로 보았지만
그 백지 속에 보이지 않는
무엇이 그려지길 기다리는
그림이 있음을 보지 못했다

자기와 맞지 않는 그림이
그려지는 것을 참지 못하는 본성은
자기와 맞는 그림이
그려질 때까지 싸운다

자기의 백지 속에
그려져 있던 보이지 않는
그림을 찾을 때까지

숯

다 타버리지 않고 남아
정말 타버릴 시간을
기다리고 있는 너
금강석처럼 굳을 수 있는
몸을 헤집고
투명 위에 검정을 바른
저 아득한 미래의 화석

또 하나의 나

생각도 사념도 사라지고
남은 공터에
이미지가 살고 있다

그것은 분신이 아니다
그것은 말할 수 없는 무형의 실체
만질 수 없는 높이에서
만질 수 있는 나를 내려다본다

그 천정에 도달할 수 없지만
굳어진 육신을 떠나
불멸의 얼굴로 항상 있었다

아득한 높이에서 나를
구출하는 또 하나의 나
모습도 형상도 없는 또 하나의 나

우주의 해부학

골격이 너를 세우고 있듯
자연 속에도 정신의 뼈가 있다
우주는 그래서 서 있고
그 머리는 네 속에 빛을 준다

누워 있던 뛰어가던
그 단단한 골격 속 우주는
흔들리지 않고
네 생각을 정돈해 세운다

너를 세우고 있는 기둥이
머리에 올려놓은 우주는
골격의 벽 속에 빛이 있고
피와 살은 그 아래에서
너를 가게 한다

백두

흰 머리의 산

구름이 걷히면

깊이를 알 수 없는 하늘이

내려와 사는 못

산이 떠받들고 있다

두 발로 네 머리를

받치고 있듯

나무꾼 타령

세상 다 불태울 나무
장만하기 힘들구나
선녀여

먼지 없는 곳엔
불태울 것도 없건만
이 세상엔 웬 먼지가
이리도 많은가

3년간 불태우다 가신 이
40여 년 불태우다 가신 이

그래도 아직 불씨는 남아
쌓이는 먼지보다
불태울 일 많아
세상은 할 일없이
할 일이 많네

보물찾기

눈을 뜨고 보는 것보다
눈을 감고 보는 것이
제대로 보는 것이다

보이는 뒤에 숨어 있는
보물은 찾는 이가 임자인데
아이들은 눈감고
보물찾기도 잘 하건만
어른들은 눈감고 아무것도
보지 못하누나

신의 사원

인간의 얼굴로 빚은 신은
인간의 마음으로
내려다보시네

천의 얼굴의 인간은
하나의 얼굴의
신을 빚진 못하네

천의 마음을 지닌 인간이
하나의 얼굴도 아닌
하나의 얼굴을 빚을 때까지
신은 인간의 얼굴로 오시지 않네

천의 얼굴이 그대로
하나의 얼굴로 보일 때까지

소식

나는 아무 소식 들은 적 없는데
누가 나더러 한 소식했다고
그러지 마시오 한 소식이 무엇인고
번개처럼 벼락처럼
지나가는 소리
아침에 깨 어젯밤 꿈
거기 내가 있었나
걷는 걸음마다 소식은 있겠지만
멀리서 날아오는 한 소식은 없어
마음소가 쉬면서 울다 갈뿐
하염없는 길 위에서 웃고 갈뿐

그대

그렇게 생각지 말라
무엇을 했다고도 한다고도

그렇게 말하지 말라
어느 길로 왔다고도 간다고도

그대 있음에 세상이 있다고
여기지 말라
세상이 없음에
그대 또한 없을지라

세상 모든 것 그대 아닌 것 없음에
세상 모든 것 그대로 그대일세

불면

두 눈을 뜨고 밤을 새는 개가
한밤중에 짖는 것은
문밖이 이상해서가 아니다

꾸짖을 수 없는 세상이
꾸짖지 않을 수 없는
재채기로 터져 나와
파수꾼의 귀를
울렸기 때문이다

잠 들어라
새벽이 올 때까지
너는 잠자야 한다

구球

모난 것이 다 깎이어 둥글게 되었어도
모서리의 예각은 살아 있어
가끔씩 찌른다

불멸의 밤에 살아나는 침은
둔중한 잠을 찌르고
필요 없이 돋아난 살도 잘라내
둥글지만 중심에 늘 서게 한다

사방이 팔방이 되고
삼십육방이 생겨도
그것을 감싸는 것은 구체球 i

모난 것은 둥근 것 속에
둥근 것은 모난 것 속에 있지만

점 · 선 · 면

점

밤사이 맺힌 이슬
곧 사라질 장대 위에
새벽을 기다리며
타버릴 태양 앞에
남을 아무것도 없는 허공에서
투명의 네가 갖는 마지막 순간

선

보이지 않는 두 곳의 연결은
몇 백 광년의 항성
그 별에서 여기까지나
온종일 무거운 짐 지고
길을 가는 개미나
이 별이 태어나 죽을 때까지
둥글게 도는 원까지도
시작도 끝도 없는 하나

면

그 곳에 이르면 닿으리
작정하고 나선 길
평행을 막으니 막다른 골목
끝이 좁으니 그 소실에서
삼각도 생긴다
그러나 그것은 평행의 선이
영원에서 만난
착시의 모양이었다

해인海印

덧없는 구름
덧없는 세상의 비는 내리고
시름은 방울방울 흙 속에 묻힌다

돋아나지 않는 씨
물 속에 잠자는
그대 먼 고향엔
번뇌의 나무도 구름도 없는 동산

조용히 서서
떨리는 환희
이마에 달빛을 안고
온몸의 신경으로 자란 나무는
하늘을 향해
둥근 마음의 바다에 찍힌
도장을 싣고
아무도 모를 길을 간다

3
만해 마을에서

대해를 헤엄쳐
만해에 이른 구름들이
놓아줄 수 없는
하나의 법망에 걸려
이 강 속의 고기가
오늘 많기도 하구나

만해 마을에서

한 바다에 만강이 모이니 만해다
동서남북 멀리도 달려온 그대들
회색 구름은 위아래를
가로질러 가는데
바람은 자지 않고 대륙을
실어 나른다

하나쯤 떨어 뜨릴 섬이
있을 법한데
다 거두어 가는 그물
그 코에 비친 얼굴들은
하나같이 번득이는
비늘들을 가지고 있다

대해를 헤엄쳐
만해에 이른 구름들이
놓아줄 수 없는
하나의 법망에 걸려
이 강 속의 고기가
오늘 많기도 하구나

무영탑

비칠 그림자 없이
빈 허공에 솟은 석가탑

아침의 땅 아사달
천년 시간의 그림자
길기도 하다

서라벌 허공에 솟은 탑은
영지에 비칠 그림자 없어
아사달 따라 그녀가 갔네

갈 곳 없는 물 속으로
아사녀
그녀가 갔네

수마노탑

정암사 적멸보궁
내리는 눈이
산하를 덮어
높은 수마노탑
하늘 위에서
휘날리며 세상을
한 바퀴 돈다

탑을 돌면서 지워진
흰 마음에
수마노탑의 높이가 닿아
천공을 뚫고
귀가 열린다

허공 속에 쏟아지는
하얀 빛살
눈이 하늘 눈을 열었다

송광사松廣寺

보조국사의 지팡이
천년 고사목이 되어
살아올 날을 기다리네

나무 목木은 열여덟十八이나
두 칸이 빈 조사당엔
열여섯 국사
고려의 스승으로
이 골을 지켰네

하안거를 마친 스님들
안광에는 한 소식 있었는지
조계산 자락 연봉이 피어 웃네

벽안의 스님이여
사바 정토 한 바퀴 돌아
이 땅에 닿은 자리
천년 시간을 뚫고
빈 벽에 채울 두 그림자는
어디쯤 와 있는고

남도 기행

땅 끝을 향해 달려가다
강진 백련사 오르는 동백 숲은
푸른빛 윤기를 뿜어
싱싱한 섬들을 먼 바다에 띄웠다네

고개 넘어 다산 초당에는
산물이 나무다리를 건너
차茶 속에서 신神이 되기를 기다린다
초의선사 다신茶神이 오늘도 살아난다

불경佛徑실은 누런 황소 운 터에
미황사는 각양의 바위산을
위로 이고 정갈하다

남도창 가락 고개마다
해남의 다향茶香은 살아나
어깨를 들썩이며 고수鼓手는 신명을 낸다

두륜산 기운 따라
밝은 이 맑은 이 쏟아져 나와

한세상 풍요한 노래 얼씨구 합 궁 따
신나게 돌게 하라

손오공

참 무서운 것이 없었지
사람보다 나은 재주
뜻대로 휘두를 여의봉까지 갖춰
구천의 창공도 순간
사념의 끝까지 닿을 수 있었지
하늘을 받치고 있는 기둥
누가 여기까지 와 보았을소냐
일찍이 어떤 인간도 알지 못한 이 기둥
한 세계의 끝에서 전율했었지
오! 돌아와 보니
그분의 손바닥
작은 손가락 안에
그 사념의 끝이 있었네
참괴한 오공의 공空

서해로 가는 길

흔해 빠진 이야기를 가득 싣고
갑년을 지난 동창들이
얼룩진 구름 아래로 달린다
구멍 뚫린 구름 사이
쏟아지는 빛 기둥
한동안 바다 위에 눈부시더니
갯벌에 펼친 명경 위로
다리가 되어 달려온다
순간 마주쳐 터지는 탄성
아득한 갯벌에 퍼져 바람이 된다
바다를 막은 방조제 넘어
옛 갯벌에 검붉게 핀 꽃
묵은 생명이 죽고
새로 태어난 자들
아직 보이지 않네

원대마을에서

원대란 이름의 옷을
청춘에 벗어버린 사나이가
원대란 마을을 찾아가네
깊은 강 높은 산을 지나
낙타의 능선을 지나
몇 잎으로 쌓인 연봉의 가운데
그 마을은 숨어 있었네

조그만 개울 삼팔선 다리를 지나
폐교된 분교의 마당에는
햇빛이 쏟아지고
녹지 않은 음지의 흰 눈 아래로
강이 될 생명의 물은 흐르고 있었네

갑년을 한 바퀴 돌아
여기에 이른 친구들과
잊어버린 이름을 만난
반백의 시간 위로
허망의 바람 잠시 불고 지나갔네

원대한 꿈
원대한 나라
원대한 세계가
막국수 집 동동주 큰소리에 떠내려가네
인제 가면 언제 오나
강의 언덕 강원도 원대마을에
살아 있는 꿈을 만져
다시 옷을 입히고 싶은 사람아

* 시인의 25세 전 이름이 원대, 원대란 마을이 강원도에 있다고 해서 친구들과 찾아가다.

필경사에서

마음밭 갈 듯
글밭을 가는 이
그 서가의 글과 글 사이 행간에는
헤일 수 없는 이랑의 골마다
자아自我의 위를 덮는 잡풀들이 쓰러져 죽고
태양에 타 재가 된 위로
알곡의 씨가 돋아나 자란다

버려 두면 황무지
가차 없이 뒤엎은 쟁기 사이로
황금빛 낱알 따갑게 익어 간 가을 보인다

늘 푸른 나무 그늘 아래
그때 아이들은 보이지 않고
흰 머리 성성한 이와
아이의 뒤에 온 젊은이들이
이랑의 사이사이 흩어진
이삭을 줍고 있다

한때 황금의 물결로
나부끼던 바람은 자고
심장 깊은 내오內奧의 박동 소리 멎었다

고요한 오후의 밭이랑에서
예리한 쟁기의 끝이 다시 흙을 뒤엎는 소리
작은 돌들이 튀어 달아나며
깨지는 소리 들린다
쓰러져 죽은 풀들이
수없는 싹으로 돋아날 것이다

* 필경사는 상록수의 저자 심훈이 농촌 운동을 하며 밭갈 듯 글을 쓴 누옥이다.

앵두

꽃 속에 있던 열매는 낙화하며 익는다
붉은 투명의 살 속에 시고 단 앵두의 두께
촘촘히 씨는 돋아날 우물가를 엿보았다

물 오른 줄기에서 가지로
실어 나른 싹들의 호흡
한 번에 많이도 피고 매달려
달동네같이 익어 가는 형제여
물 길어 올린 두레박이
반들반들 빛나는
생명의 줄에 매달려 있다

방울토마토

방울토마토 문간에 버린
한 개의 씨 꽃밭 속에 떨어지더니
제멋대로 자라
자손들이 방울방울 열렸네
비가 오면 처마 밑에서
물방울 맞고
맛으로 변한 작은
방울 속 씨는 또
방울이 되지만
이름에 맞는 맛은 늘 토마토
변하지 않는다네

박제

다 벗어 던지고 나니
그 곳에 무엇이 남았나
매미의 껍질 닮은 형상
오랜 비바람에
부서지지 않고 남았다가
어느 화석기의 박물관
유리관 속에 보이는데
살아 있는 그는 창문 밖에서
자기를 만나지 못하고
찾고 있네

묵언

쓰잘 것 없는
미망의 넋두리
읽게 하는 이는 죄인이야
황금의 시간에
때 묻힌 죄인이야

바람의 소리
허공에 가득 찬 물소리
깊은 바다의 숨소리에
때 묻힌 죄인이야

차라리 보고 있지만
말하지 않는 나무처럼
속으로 열기 식히고
묵언이나 할 것을

장 속

오래된 책들을 정리하며
상실된 기억 속에
한 장면씩 찍힌 역사를 본다

망각의 접어 둔 장章을 열면
꾸물거리며 움직여 나오는
너희들은
도무지 장 속 어디에
숨을 자리를 마련해 두었던가

하루씩 빛나는 시간에
수많은 해를 보내고
이제쯤 쉴 저녁에
무엇을 하자는 것인가

눈감기 전
다시 보아야 할 말이 있다면
꿈으로 나오지 말고
지금 여기서 모두 털어놓으렴

세 채의 집

사람은 세 채의 집을 지어 봐야 인생을 안다고
누가 그랬지

첫째 짓는 집은 실수가 많아
다음 지을 때는 이러하리라 하면서 짓고

둘째 짓는 집은 실수는 적지만
짓고 나서는 또 아쉬움이 남고

셋째 지을 때는 다 잘된 것만 같지만
과연 그러할까

인생의 집을 짓는 이가
마음에 드는 집을 지을 때까지
얼마나 많은 벽을 허물고
창문을 갈아야 할까

4
달 항아리

천지를 모두 담는
그릇 하나 있어
하늘을 쳐다보니
공중에 달 항아리

빛으로 된 은 화살
온 땅 위에
되쏘고 있었네

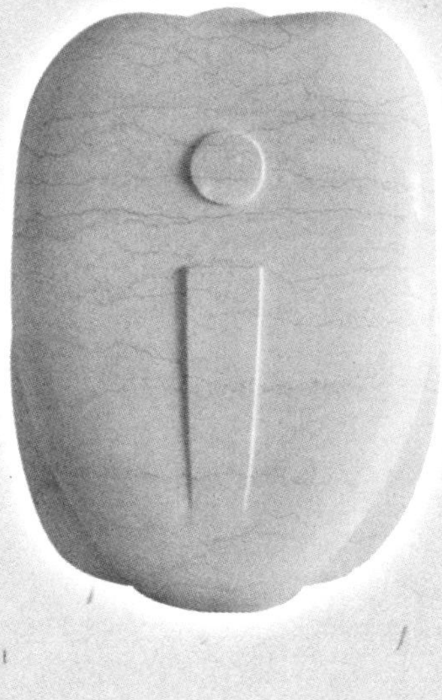

달 항아리

천지를 모두 담는
그릇 하나 있어
하늘을 쳐다보니
공중에 달 항아리

빛으로 된 은 화살
온 땅 위에
되쏘고 있었네

하슬라

둥근 수평의 동해
정동正東 언덕에
하슬라의 우산은
하늘을 향해 열린 나팔꽃

종소리가 수평으로 퍼져
천 년을 감돌아 오더니
하늘과 바다가 무너져
하나가 된 지 오래다

동해 바위에 앉은 노인
매일 꽃을 바치는 이는
해 뜨는 새벽마다
바다에서 이 언덕까지
긴 빛 다리를 놓고 있다

천 년 동안 꽃을 바쳐온 노인은
정동의 빛 다리가
서블의 어디에 닿는지를 안다

소리

세상의 소리가 다 죽어
적멸에 잠겼는데
어디서 아득히 들리는
하늘의 새소리
내 기억의 강을 건너
멀리도 왔다

소리 아닌 소리가
벽을 뚫고 시간을 넘어
세상의 모든 이를
떠오르게 한다

소리가 죽어 형상이 되고
형상은 잠시 파동으로 거닐며
삶의 모습으로 한 생을 그리다가
소리는 다시 어디로 가는가

적멸에서 태어나
적멸로 돌아가는
미지의 소리여

들판의 집 한 채

사방의 창문마다 한 풍경씩
멀리 산과 들판
바람과 별이 쏟아져 들어온다

풍경마다 보내 온 바람
이 방을 통과하면 길 따라
사람의 마을에 가 돌아오겠지

그가 팔방의 허공으로
뚫어 놓은 길은 걸림이 없어
마을 뒷산 어느 숲 속의
작은 새소리도 실어온다

들판 속 홀로 좌정한 그대
안으로 온갖 세간사世間事 흘려 보내며
하늘의 별만큼 말 많은
세상의 소리 삭혀
아랫목 방석 아래
숨겨 놓았네

무변

생명이 다하고 시작되는 곳에
우리는 계절이 있다고 말한다

울울한 여름의 생명은
이미 싹 틔워 곱던 아낙이 아니며
노오랗게 물들어 떨어지는 가을은
다함없는 노래의 끝이 아니다

어김없는 수레에 실려
돌아가는 사계가
생명에 부어넣는 색깔은
끝없이 변하지만
원래 이 곳은 아무것도 없었다

겨울 눈이 하얗게 덮지 않아도
아무도 온 적 없는 이 숲 속에
변할 그 무엇은 아무것도 없다

민들레 낙하산

민들레의 동그만 우주가
기류를 타고 낙하하면
닿는 곳마다 이루어지는 세계
많기도 하여라

잘 뽑히지 않는 뿌리
땅 속에서도 하늘에서처럼
자재로 점령하는 솜씨가 일품이다

사령관도 없이 이 점령군은
씨가 익고 바람이 불기만을 기다린다

작은 기둥 위에
낙하산을 띄워 올리고
새로 태어날 우주를 향해
너는 어디까지
날아갈 셈이냐

색 연주

바람이 쓰루 만져 주는 대로
파도처럼 출렁이며
간지럼을 타는 연두잎 색색의 나무들

일제히 조율을 마친 악사들이
내 창 앞에서 연주할 색 잔치는
어느 바람이 흔들어도
섞이지 않을
정연한 팔레트 앞에 좌정하고
지휘봉이 된 붓으로
터지는 소리를 칠해
한바탕 현란한 합주를 쏟아 놓았다

라일락 연보라 소리 사이로
연산홍 철쭉의 탬버린

따가운 빛으로 쏘아대는
저 진홍색 소리를 찍어 내
뒤에서 슬쩍 뭉개는 연두와
흰 싸리꽃의 묘기

저마다 없어서는 안 될 역을 맡고
보이지 않는 곳에서 소리 지른다

웃고 있는 꽃

엿판 앞 신명 난 가위춤
아빠 옆에
노래 부르는 성탄이
고통 속에 빛나는 미소를
무어라 할까

오래 산 늙은이보다
더 오랜 연뿌리에서
피어난 꽃

혼미의 흙탕 아랑곳없이
비 바람 속에서
웃고 있는 꽃

세상의 꽃들이여
저 보이지 않는 모퉁이
고달픈 길 위에
성인의 탄생인 듯 무구한
이 꽃의 이름을 무어라 할까

심청

보이지 않는 아버지
눈 뜨게 하실 일은
딱 한 가지

인당수 깊은 곳에
눈 뜨고 있는 그이 보기

눈 뜨고도 못 보는
세상의 수많은 이
한 몸 바쳐
눈뜨게 한 뜻

눈 뜨고 못 보는 눈
언제 다시 뜨게 할까

꽃길

천 년의 사랑이 끝나지 않아
꽃비 내리는 길을 한없이 걸었네

꽃들이 길을 열고
길은 다시 하늘을 열고
마음은 봄의 가득한 소리를 열었네

지상엔 꽃길이 열렸다 닫히고
바람은 꽃길 위를 쓸고 갔네

덧없는 하루의 꿈이라도
이 꿈을 매일 꾸었으면 하네
붙잡을 수 없는 시간 위에 찍힌 꿈이
비록 환幻이라 할지라도

하늘지도

하늘에 그리는 지도
시시 분분 변화도 많다
기묘한 형형의 콘테스트

시베리아보다 알프스가
스칸디나비아보다 치솟은
히말라야가 단연 일품이다

폴리네시아 다도해의
징검다리 건너
웅크린 호랑이 꼬리에
매달린 곰

잡을 수 없는
허공의 끝없는 지도

검증

영혼으로만 볼 수 있구나
그가 살아온 여정은 살과 뼛속에 스며
시간을 따라 변하고
그는 다른 사람이 되었는데
죽음 앞에서 보낼 수 있는
한 장의 사진
그 영혼이 찍혀 있는 모습은
이생과 저생의 가교에서
그를 확인할 수 있는
오직 하나의 증명
찾을 수 없는 허공에서
영혼으로만 볼 수 있구나

탄생

지우고 또 지워
마지막 점 하나 다 사라졌을 때
태어나는 너
희디흰 공간의 너는 모습이 없다
형용할 수 있는 그 무엇도 없다
억만 겁 무거운 짐 벗어 놓고
태어나기 어려운
이 아득한 공백空白에
오늘도 끝없이 태어나는 너

모

모는 또 다음에 있다
모는 또 다음에 온다

또 다음에 오지 않는 모든 고뇌가 그 이전에 있다
또 다음에 오지 않는 모든 열락도 그 이전에 있다
그 이전에 있는가
참으로 그 이전에 있는가
하고 나꾸어 뽑는다

모세혈관의 구멍에는 개가 나온다
컹컹 짖으며 붉은 쇠고기를 물고 나온다
가없는 우주가 부닥기며
덜그랑 딱딱 고함지르며
뿔 달린 마구니를 목매어 끌고
목견木犬을 탄 아가가 하품하며 달려 나온다
어디 저처럼 동그만 하품 속에
막膜보다 큰 우주가 쏟아지는가

모는 잠시 공중에서 머문다
모는 또 다음에 오지 않는다

순간
해와 항성恒星이 모를 중심으로 돌며
나의 모든 핵核을 뒤엎어 잠재운다

모는 나를 사랑하는가
도 개 걸 윷 가 나 다 라
모필毛筆로 점치며
내게서 달려나간 나를
하나도 빼지 않고
점자판點字板에 심어 놓는
모는
나를 형용하는가
나의 빛나는 환영幻影을 이처럼 형용하는가?

나는 모에게서 사라져 없다
모는 나 다음에 오지 않는다

빈손

한줌 쥔 모든 것 놓고
손을 펴 보아
올 때는 물 위에 비친
영상처럼 아름다운 그림이
가득하였으나
갈 때는 그러하이
꿈 속의 풍경처럼
그대 놓고 가는 빈손 안에
허공의 오색구름 가득하네

5
보로부두르

자바의 중앙
족 자카르타의 오지에
만다라의 꽃과 열매
층층이 수많은
불 보살로 각인되었네

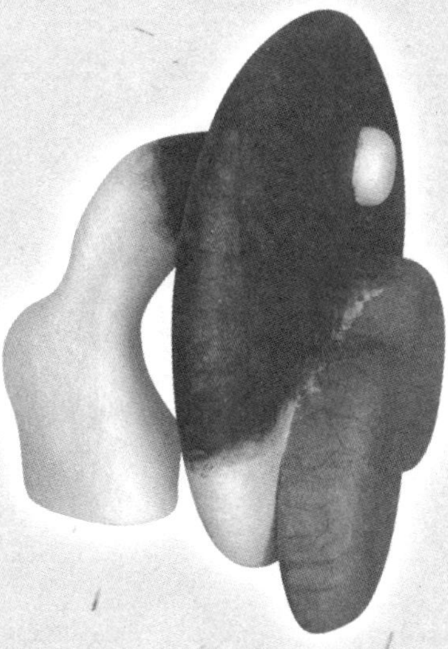

보로부두르

자바의 중앙
족 자카르타의 오지에
만다라의 꽃과 열매
층층이 수많은
불 보살로 각인되었네

넓이와 높이
우주를 감싸는
광대한 상징이
중생의 삶
끝없는 세계처럼
중중찰찰
돌 속에 새겨져
살아 숨쉬네

쪽자의 두리안

남들이 고약하다는 냄새의
과일 황제 두리안에 취해
누구는 두리안을 못 버리고
발리행 비행기를 타려다가
기내의 거부로
공항 앞 늙은 성황나무 아래에서
때 아닌 두리안 축제를 벌렸네

누구는 이 황제에 취하고
누구는 고약하다 거부하는
두 얼굴의 두리안

팔방의 향向이 사방四方으로 흩어진
열대의 바람에 메어진 내 코는
선악 미추 호오의
어느 향香을 향向해 열려 있는가

파라오

태양신의 아들은
지상의 모든 생명
어이 파라오만이
그 아들이랴
아득히 쌓은 돌 무더기
그 삼각의 정점 위로
죽음을 넘어 선 미이라가
껍질을 버리고 바로 설 때
태양은 항상 부활한다
오늘도 내일도

스핑크스

장제천에서 묘역으로 가는 길은
좁은 미로를 지나
직선으로 뚫려 있다
삶과 죽음의 미로는 좁지만
그 곳에 이르는 길은 하나이듯이

코를 잃은 스핑크스가
엎드린 사자 발로
두 발의 인간을 내려다보고 있다
그 동공에 시간을 넘은
인간의 수수께끼
무엇을 알아냈나

두 개의 오벨리스크

하늘을 받치고 있는
열주의 기둥에
시간을 넘어선 상형의 글들
살아 있는 힘과
죽은 후의 높이가
가로 세로 얽혀서
사막의 바람
광막한 평원에
모자母子가 경쟁한 오벨리스크
만년설이 녹지 않듯
긴 그림자를 끌고 섰네

왕가의 계곡

은밀히 죽음을 숨기고
또 살아날 미망마저 숨겨
깊이 저승에 묻어둔 곳
모든 그림과 글들 쏟아
세계를 만든 땅 속
다 파헤쳐 보게 한다

신의 깃털과 그의 심장에
찍힌 선악의 무게로
그가 돌아갈 세계는 분명한데
그 저울은 지금도 살아 있어
누구의 마음도 달 수 있겠구나

보서포러스

해협의 양안은 두 개의 대륙
유럽과 아시아를
잇는 다리 아래
흑해의 물은
땅 가운데의 바다로 흐른다

크루즈 선내 무대에
둥글게 돌아가는 무희가
시간의 회전 속으로 사라져
그의 신과 하나가 되더니
지붕이 된 옷 아래서
다른 이가 웃으며 나오네

아크로폴리스

먼 바닷가
신화가 반짝이는 에게해에
구름 헤집고 닿은 햇빛이
아크로폴리스 언덕을 비출 때
성곽 위의 신전
파르테논은 일어난다

아테네 번영의 도시
모래알 같은 신화들이
이 언덕 위의 빛살에 살아나
하얗게 조상으로
신전의 돌 속에서
숨쉬고 있다

이스탄불

너는 몇 개의 이름을 갖고 있느냐
비잔티움
콘스탄티노플
주인 따라 몇 번인가
다시 태어난 너

회칠을 한 회교의
소피아 성당 뜰에는
또 다른 지층의 시간이
겹겹이 잠자고 있는데
한 시대 위에 또 한 시대가 쌓여
신은 얼굴을 바꾸고 있었네

강물에 비친 태양은
세 개의 이름에 아랑곳 없이
하나로 떠서 비치고 있건만

새들의 바위

힛치코크의 새들은
사람을 공격한다
한 바위에 수많은 새떼가
앉아 결의한 내용을
힛치코크는 신나게
받아들였다
내 언덕의 집을
공격해 보라
해변에 깔린 이름 모를
풀들이 웃는다
낮게 비행하는 새가 날자
소금기 짠 바람이 심각하게
그 웃음을 거두어 간다

페테르부르크의 하궁

오직 자연의 힘으로
치솟는 분수
황금색 조상彫像들이
계단에 섰다

한 역할씩 맡은
역사의 일꾼들
계단 층층이 흐르는 물에 감겨
분수 사이로 얘기를 나눈다

황제가 살던 시절
그대 충복의 힘으로
번영한 제국의 시간 위에
줄지어 섰구나

아래로 흐르는 힘이
분수를 만들 듯
그대들 얘기는 시간의
강을 역으로 돌려

여름 궁전의 물보라 속에
속살거리네

인디언 계곡

옛 신들이 내려와 놀던
붉은 바위 정원엔
신성의 탁자와 주랑이 마련돼
사람과 얘기를 나누었거니
그대 영특한 조상은 다 승천하고
신의 정원엔 아지 못할
부호만 남겨졌다
눈 감고 봐야 할 상징은
눈 뜬 이에겐 보이지 않아
신의 정원에 내려온 그는
나눌 수 없는 대화로
외롭게 서성인다

자이언 캐니언

수직으로 짜개져 떼어 낸
붉은 암벽의 상흔이
햇빛에 눈부시다

멀리 흰 머리 봉우리엔
구름을 담았는데
구부러진 양 벽의 계곡 위로
하늘과 맞닿을 수 없는
칼 선이 지나간다

한눈에 다 담을 수 없는 세계
마음의 장 속에도
이리 큰 세계가 숨어 있을까

그랜드 캐니언

거대한 힘으로
지곡이 짜개지고
꺼질 때마다
하나씩 세계가
창조되었네

허망의 도시와
성곽도 깎아 세우고
시간의 창문도 달아
몇 억 년 흐르는 세월을
가늠하였네

자연의 광장과 기념비에는
인간의 이름이 있을 리 없고
천상의 형용만 있어
지하에 흐르는 강만이
신비의 비밀을 아네

지층에 찍힌 역사는 눌러두고
오직 바라는 바 하나 있어
그대 장엄한 세계의 폭과 깊이에
절하고 가네

브라이스 캐니언

함몰된 땅 아래
붉은 바늘 성
수없이 쌓아 파 내려간
억만 년 비바람이
오늘은 눈을 덮어
열병식을 한다

5월도 하순에
이 별세계를 포장해
감추려는가

내 그대 희고 붉은
백일몽에 보았으니
말하지 않으리